CHAMBRE DE COMMERCE.

de Boulogne - sur - mer.

PÊCHE D'ÉCOSSE.

EXTRAIT DU PROCÈS - VERBAL DE LA SÉANCE DU 17 NOVEMBRE 1851.

RAPPORT

Au nom d'une commission spéciale chargée de l'examen des documents concernant
la pêche d'Écosse, communiqués par M. le Ministre de la Marine.

BOULOGNE-SUR-MER.

IMPRIMERIE DE BERGER FRÈRES, GRANDE-RUE, 51.

Novembre 1851.

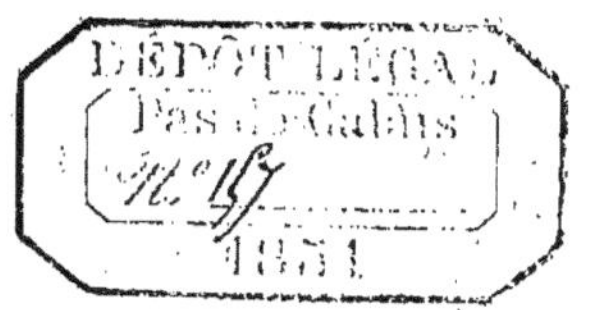

PÊCHE D'ÉCOSSE.

EXTRAIT DU PROCÈS-VERBAL DE LA SÉANCE DU 17 NOVEMBRE 1851.

RAPPORT

Au nom d'une commission spéciale chargée de l'examen des documents concernant la pêche d'Écosse, communiqués par M. le Ministre de la Marine.

BOULOGNE-SUR-MER.

IMPRIMERIE DE BERGER FRÈRES, GRANDE RUE, 51.

Novembre 1851.

[illegible]

[illegible]

[illegible]

©

[illegible]

PÊCHE D'ÉCOSSE.

EXTRAIT DU PROCÈS-VERBAL DE LA SÉANCE DU 17 NOVEMBRE 1851.

RAPPORT

Au nom d'une commission spéciale chargée de l'examen des documents concernant la pêche d'Écosse, communiqués par M. le Ministre de la Marine.

MESSIEURS ,

Vous avez chargé une commission spéciale, *dont aucun armateur de pêche n'a fait partie*, de résumer dans un rapport qui vous serait communiqué à la présente séance, les *impressions* qu'a fait naître dans notre Chambre l'étude des documents sur la pêche d'Écosse, que M. le Ministre de la Marine et des Colonies a bien voulu vous adresser par sa lettre du 11 août dernier.

Ces documents, transmis circulairement, ont été lus avec la plus grande attention par chacun des membres de la Chambre, et elle a consacré plusieurs séances à leur discussion.

Voici, fidèlement, quelles ont été ses impressions.

§ I.

De la position morale de la Chambre dans la question de la pêche d'Écosse.

Par cela seul que la Chambre représente le port qui a envoyé le premier des bateaux à la pêche d'Écosse, et qui en a maintenu jusqu'à ce jour le plus grand nombre, vous attachez avec raison une grande importance à bien dégager sa situation morale dans cette question.

Il vous a paru que, ni dans l'*Exposé* si bien fait *des questions relatives à la pêche du hareng* qu i vous a été adressé en 1850, ni dans le *Rapport de la majorité de la sous-commission d'enquête*, justice suffisante ne vous avait été rendue.

Vous avez voulu qu'il fût écrit dans ce rapport, qu'en 1840, alors que notre Chambre défendait avec une grande énergie la pêche d'Écosse contre le projet de loi présenté le 23 mai, (pages 40 et suivantes de l'*Exposé*), un seul armateur de pêche en faisait partie ; qu'aujourd'hui encore elle n'en compte que deux, dont un est tout à fait désintéressé dans la pêche d'Écosse, dont le second lui est assez peu favorable ; et que par conséquent, à aucune époque, les intérêts de ces armateurs n'ont pu exercer d'influence prépondérante sur vos résolutions et altérer leur sincérité.

Vous voulez qu'il soit écrit et maintenu que votre bonne foi a été religieuse à toutes les phases de cette question ; soit lorsque vous attestiez, avec raison (1), en 1840, que la

---

(1) Voir la *preuve* que la Chambre disait vrai, en ce qui concerne au moins Boulogne, -- page 68 des *Observations* de M. de Maucroix, — page 9 du *Rapport* de M. de Montaignac, -- et surtout le *tableau* n° I des résultats des armements, à l'*Appendice* du présent écrit.

pêche était sérieuse ; soit lorsqu'en 1844, aux premiers soupçons d'achats qui arrivaient jusqu'à vous , vous vous empressiez d'ouvrir une enquête et d'en adresser au Département de la Marine les résultats pleinement accusateurs de la fraude.

Et si vous attachez cette importance à dégager votre responsabilité morale et à protester contre tout soupçon de connivence avec une fraude très-préjudiciable aux intérêts de la Marine nationale , ce n'est assurément point dans un intérêt personnel, si légitime que fût sa défense , mais uniquement dans l'intérêt de la pêche d'Écosse , dont la suppression indirecte vous paraît une mesure désastreuse·
Vous ne voulez pas permettre qu'une accusation de partialité nuise à une industrie dont vous demandez le maintien ; et votre honneur en ce point ne vous touche que dans ses rapports avec le bien public.

Si cette protestation ne suffit pas à assurer l'autorité morale de vos résolutions , il ne vous restera qu'à déplorer la puissance des préventions vers lesquelles entraîne le parti pris , et à vous réfugier contre toute injustice dans l'approbation de vos consciences.

C'est parce que vous êtes sûrs de la parfaite indépendance de votre opinion, que vous n'hésitez pas à avouer qu'après avoir défendu la pêche d'Écosse à toutes les époques où elle a été menacée, de 1840 jusqu'au jour de votre comparution devant la sous-commission d'enquête, vous avez un instant fléchi sous le poids de ce que vous apprenait votre correspondance particulière des vœux pour sa suppression exprimés dans tous les ports par les hommes de mer. C'est ce seul moment d'hésitation que vous avez éprouvé, sur des renseignements erronnés, qui, indirectement connu sans doute de l'honorable M. de Maucroix, l'a autorisé à dire, page 69 de ses *Observations* :

> « Si plus tard, cette Chambre (de Boulogne) a mo-
> « difié ses conclusions, évidemment ce n'est point
> « parce que les conditions de la pêche avaient changé
> « dans l'intervalle ; il n'en reste pas moins avéré que
> « cette pêche est possible avec bénéfices. »

Vous n'entendez pas nier cette déviation passagère de votre opinion. Mais alors qu'après une étude nouvelle et approfondie de documents complets, après la lecture surtout des *Observations* si fermes de M. de Maucroix, vous revenez à votre opinion primitive, vous avez le droit de demander que l'on ne vous juge que sur ce que vous avouez et signez comme l'expression complète et réfléchie de votre pensée.

Il y a loin d'un corps constitué qui a quelque raison de se croire isolé dans son opinion, qui n'a sous les yeux que des renseignements partiels, et qui ne veut pas qu'on l'accuse d'obstination, à ce même corps entouré de tous les documents du procès, mieux instruit, comptant en sa faveur l'opinion de plusieurs Chambres de Commerce, et surtout l'avis admirablement motivé du seul officier de notre marine qui ait acquis par sa longue expérience le droit de se prononcer.

Vous retirez donc les quelques communications verbales d'où l'on a pu induire une modification dans votre opinion *ancienne* pour reprendre en toute liberté le droit que vous avez de n'être jugés que sur vos *rapports officiels*.

Certes, dans une question aussi difficile, où l'on voit des

esprits d'une haute portée, des administrateurs de premier ordre s'égarer jusqu'à proposer à la législature d'admettre pendant une certaine période de l'année le poisson salé de pêche étrangère au droit de 6 francs les 100 kilogrammes, il est permis d'errer et d'hésiter un moment sans avoir à en rougir, et de relever des opinions qui n'ont rien perdu de leur valeur pour avoir été un instant délaissées.

Vous avez donc encore toute liberté de parole dans ce débat.

§ II.

De la situation faite aux armateurs de pêche dans tous les documents de l'enquête, ainsi que dans l'écrit de M. de Montaignac.

Vous n'avez pu voir, sans un inexprimable regret, le parti pris en quelque sorte de la première à la dernière page des documents de l'enquête, de mettre en perpétuel antagonisme les intérêts des pêcheurs et ceux des armateurs de pêche.

Il vous a paru que c'était transporter dans la discussion d'intérêts purement économiques les funestes habiletés de la politique de ces derniers temps, et qu'il n'en pouvait sortir que du mal.

En maints endroits, et principalement pages 10 et 14 du *Rapport de M. de Montaignac*, 43 et 133 du *Rapport de la majorité de la Sous-Commission d'enquête*, les armateurs de pêche sont traités comme des usuriers sans pudeur et sans frein, dont un grand nombre ne défend la pêche d'Écosse que pour continuer à pressurer les gens de mer et à en faire, sans risques, les dociles et aveugles instruments de leur coupable fortune.

Notre Chambre ne prétend pas dire que tous les armateurs, sans aucune exception, soient innocents de calculs deshonnêtes, de pratiques et de *tricheries* répréhensibles. Elle ne croit pas que certaines professions aient le rare privilège de changer la nature humaine et de faire que l'honnêteté et le désintéressement deviennent la passion de tous les cœurs. Elle se borne à soutenir, *car elle en a la preuve*, que dans la profession d'armateur de pêche, comme dans toutes les autres, le mal est *la très-rare exception*.

Elle eût voulu que les faits signalés par MM. les Commissaires ou par l'honorable et savant M. de Montaignac, s'ils étaient établis, fussent dénoncés sans le moindre ménagement et non présentés sous le voile de complaisantes initiales qui n'accusent personne par cela seul qu'elles font planer le soupçon sur tout le monde : et il lui a paru d'autant plus regrettable que toute une profession fut traitée avec ce dédain et cette sévérité cruelle, que c'est, après tout, une profession nécessaire qui ne vit pas en parasite aux dépens des gens de mer, mais qui seule fournit à toutes nos populations maritimes des moyens assurés d'occuper leurs bras.

Du reste, en y regardant de près, il ne lui a pas été difficile de saisir sur le fait l'influence toujours injuste de la *prévention*.

Par exemple, page 14 de son écrit d'ailleurs si estimable, M. de Montaignac cite deux comptes de retour de pêche établis à Boulogne.

L'un de ces comptes, attribué à M. B., écoreur de Boulogne, est on ne saurait plus sommaire. Le voici en deux lignes :

— Avances faites pour l'achat. . . . . 1,900 francs.
— Le poisson a été vendu . . . . 5,800 »

           Différence. . . . . 3,900 francs.

La part de chaque homme n'a été pour deux mois que de 20 francs !

Admettons que la division du produit ait dû s'opérer en douze parts, le malheureux équipage aurait eu en tout 240 francs ! On ne dit pas, mais par *l'artifice de cette rédaction du compte* on laisse supposer que l'écoreur a lui reçu pour bénéfice net la somme comparativement énorme de 3,660 francs ! .

Cela n'est pas dans le texte de M. de Montaignac, mais rejeté dans une note sans nul doute rapidement écrite, peu étudiée et de la portée de laquelle l'auteur n'a pas pris la peine de se rendre bien compte.

Car, avec un peu de réflexion, comment eût-il pu penser qu'un pareil résultat était possible ! Comment aussi faire jamais admettre, comme l'expression d'un fait certain et non discutable, qu'à St.-Valery, comme le dit M. de Montaignac une ligne plus loin, une opération qui a *produit* 72,000 francs, n'a donné à chaque homme pour cinq mois que 160 francs ?

Que l'on dise qu'une opération qui a duré cinq mois n'a rapporté à chaque homme de mer que 160 francs ; qu'une autre opération n'a donné que 20 francs pour deux mois, nous avouerons que cela est fort possible. De semblables résultats ne font qu'accuser les misères de la rude profession qu'exercent nos populations maritimes, et que commander plus de réserve envers elles, de ménagements et de crainte en quelque sorte respectueuse lorsque l'on touche à d'aussi sensibles et aussi douloureux intérêts ! — Mais alors qu'on ne dise pas que la première de ces opérations a *produit* 72,000 francs, la seconde 3,900 francs ; parce que tout le monde comprendra que c'est là un bénéfice net, *défalcation faite de toutes charges*, quand il n'en est rien ; et parce qu'un compte ainsi présenté aura, malgré les plus droites et les plus honorables intentions, tous les caractères d'une calomnie.

Il tendra à armer, à exciter les unes contre les autres des professions et des positions qui ont entre elles des rapports nécessaires qu'il faut adoucir, rendre réciproquement avantageux, mais non pas aigrir.

L'autre compte cité aussi, page 14, par M. de Montaignac est plus détaillé : il donne au moins quelques éléments d'appréciation.

Le voici encore :

*Le N° ** , de Boulogne, appartenant A M. A., écoreur.*
— Achat de poisson. . . . .   1,800 fr.   »
— Location de filets, fournitures   1,200   »
—   —   du bateau   600   »
— *Commission, intérêts.*   303   25
— Dépenses. . . . .   3,903 fr. 25
— Produit, 16 lasts vendus   4,265   »
— Produit net à diviser en dix parts. . (1).   351 fr. 75

Soit pour chacune des parts pour 2 mois.   35   17

C'est à peu-près *soixante* centimes par jour gagnés au rude métier de la mer.

Ce dernier compte peut être réel, nous en avons sous les yeux de semblables, de pires encore, puisqu'il en est qui ne constatent que de la perte pour l'association (2). S'il s'en

---

(1) Le calcul donne 361 f. 75 c., mais nous copions exactement la note.

(2) Les *pertes* ne sont jamais que le résultat de fortes avaries de mer. Toutes les pêches en sont victimes autant et plus que la pêche d'Ecosse ; l'achat proprement dit y est étranger ! Nous ne connaissons pas un seul compte d'achat, sans avaries majeures, qui se soit liquidé en perte. Le bénéfice a pu être excessivement restreint, presque nul ; mais enfin il y a eu bénéfice ; et, entre temps, le matelot a vécu des provisions et de l'argent du bord.

produisait chaque année beaucoup de pareils, il faudrait plaindre, amèrement plaindre nos populations maritimes. Mais fallait-il en conclure autre chose que cette misère elle-même, et se trouvait-on bien autorisé à en déduire contre les armateurs de pêche une accusation textuelle *d'usure ?*

En notre âme et conscience, nous ne le croyons pas ! Et voici, *en chiffres,* pourquoi nous ne le croyons pas.

L'armateur qui a avancé à ses risques et périls 1,800 francs pour achat de poisson, n'a dû rentrer dans son argent en moyenne que cinq mois après l'avance.

Il a évidemment droit d'abord à l'intérêt commercial de 6 p. 0/0, lequel représente pour cinq mois 45 fr. 00

On ne peut pas équitablement lui contester une prime de grosse de 1 1/2 p. 0/0 représentant 13   50

Il a droit comme écoreur à une commission, dont le taux fixé depuis deux siècles et plus n'a jamais varié, de 5 p. 0/0, pour tous les soins donnés à l'armement, aux achats, aux ventes, aux recettes, à la comptabilité, ainsi que *pour la garantie de la rentrée des prix de vente !* Or sur le brut des produits s'élevant à 4,625 francs cette commission séculaire représente. 231   25

Ce qui donne un total de. . . . . 289 fr. 75

Or l'écoreur, auteur du compte signalé, aurait demandé 303 fr. 25 c. Exagération possible, et qui peut avoir cent justifications de nous inconnues : 14 fr. 25 !

Ne serait-ce pas perdre son âme pour une obole ! Et par contre la critique, quand, en lui faisant la part la plus large, elle ne parvient à porter que sur de telles misères, a-t-elle bien le droit de s'élever jusqu'à la sévérité dont les pages que nous avons lues avec tant de regrets, sont empreintes ?

Si les accusations que nous relevons ici avec tous les égards possibles néanmoins pour les hommes honorables et purs qui leur ont prêté la grande autorité de leur position, de leurs services et de leur nom, n'avaient eu pour résultat que de profondément blesser toute une catégorie de négociants que pour notre Chambre c'est un devoir de défendre, parce qu'elle la représente comme toutes les autres, nous eussions borné à ces lignes nos observations.

Mais il nous est démontré qu'elles ont eu une portée bien plus grande, et qu'elles ont pour beaucoup contribué à dicter les conclusions de la majorité de la Sous-Commission d'Enquête. On s'est cru dispensé de tout ménagement envers des intérêts réputés si peu dignes d'estime.

Dès lors, nous avons dû examiner de plus près les choses, voir par nous-même et apprécier sans intermédiaires.

Votre commission s'est, en conséquence, transportée *à l'improviste* chez tous les écoreurs de la place, sans exception, et y a relevé elle-même sur les registres, que pas un d'eux ne s'est refusé à lui présenter, des comptes de la pêche d'Écosse afférant aux différentes années de **1833** à **1850** inclusivement. *Elle a une foi entière et bien réfléchie dans leur sincérité.*

Employant ceux de ces comptes qui pouvaient lui servir à établir les comparaisons les plus exactes; en se tenant dans les termes moyens où le vrai réside, elle a dressé de leurs résultats deux tableaux que nous annexons en appendice à ce rapport, sous les numéros I et II, comme nous y plaçons, sous les numéros III et IV, deux de ces comptes pour permettre d'en apprécier l'économie.

Ces deux tableaux représentent fidèlement le mouvement *moyen* de la pêche d'Écosse, à deux périodes fort distinctes, l'une de 1833 à 1841 où la pêche règne à *Boulogne* (1) à peu près sans partage, si ce n'est tout à la fin ; la seconde, au contraire, de 1842 à 1850, où la pêche n'est plus qu'une rare exception, où l'achat a pris toutes ses libertés.

Nous étudierons tout-à-l'heure, dans un paragraphe spécial, les résultats que ces tableaux amènent, en ce qui concerne l'influence exercée sur le sort des marins par la pêche d'Écosse à ces époques si différentes :—pour le moment, nous ne les examinons qu'au point de vue de la moralité des rapports des écoreurs avec les pêcheurs.

Intérêts.—Dans la première période, il ne revient jamais à l'écoreur que son droit d'écorage, c'est-à-dire, que son droit de vente du poisson pêché et de garanties de ces mêmes ventes qu'il règle comptant avec le marin, quand lui-même n'en est payé qu'à trois mois. On sait déjà que ce droit est depuis des siècles fixé sans variation aucune à 5 p. %—Si parfois les chiffres donnent un peu moins que 5 p. %, c'est que l'opération a procuré, en dehors de la vente du poisson, quelques bénéfices indirects sur lesquels l'écoreur n'a point perçu son droit. — Ces légères différences n'ont pas la moindre importance : la règle *invariable* est le 5 p. %

---

(1) Il est entendu, une fois pour toutes, que dans ce rapport nous ne nous occupons jamais que de Boulogne. Ce qui se passe ailleurs nous est inconnu et ne nous concerne pas. Nous laissons à chaque port le soin de sa défense.

Dans la seconde période, bien que les avances en argent pour achat atteignent une moyenne de 1743 francs par voyage, et que leur remboursement ne s'effectue jamais avant cinq mois, la perception d'intérêts est encore fort rare, et la moyenne de ce que reçoit l'écoreur sur le produit brut de l'armement, ne dépasse point 5 $\frac{1}{4}$ p. %

On peut affirmer que les intérêts perçus par l'écorage, quand il en perçoit, sont souvent inférieurs à ceux que lui - même acquitte chez les banquiers où il achète l'argent anglais qu'il remet au maître avant son départ.

Remises sur fournitures. — Les dépenses de chaque voyage d'Écosse se composent en grande partie de fournitures de sels, de tonnes, de liquides, de victuailles. Ces fournitures ne sont faites par l'écoreur lui-même que dans d'assez minces proportions; et votre Commission s'est assurée que dans ce cas elles le sont à un taux modéré.

Il arrive néanmoins *quelquefois* que suivant une pratique vicieuse, mais profondément enracinée, du commerce, des remises secrètes sont faites par les fournisseurs sur les prix portés dans leurs mémoires. — Du reste, ces remises ne sont, en ce qui concerne la pêche, que le prix légitime après tout de la garantie du paiement que le fournisseur exige; le mal réside dans le soin que l'on prend de les cacher.

A qui ces remises profitent-elles ? Il y a vingt ans, c'était presque toujours à l'écoreur ; aujourd'hui, c'est en général, c'est presque exclusivement aux maîtres qui se font de plus en plus les véritables *armateurs* de l'entreprise qu'ils vont commander.

Cette tendance est-elle heureuse pour le simple pêcheur ? En d'autres termes, est-il mieux traité par le patron qu'il ne l'était par l'écoreur ? Il est permis d'en douter. Et il se pourrait fort bien que, comme le *tâcheron* est plus rude à l'ouvrier que l'entrepreneur lui-même, le patron fût bien souvent plus avide de gains que le négociant écoreur.

Et il y a même une raison fort naturelle pour qu'il en soit ainsi. Le maître a, surtout dans ces derniers temps, tous les embarras, tous les risques, tous les déboires, du choix des hommes, du commandement à la mer, de l'opération commerciale d'achat à l'étranger, des dissimulations et des fraudes dans l'armement au départ, des mensonges et parfois des faux serments au retour. Quand il y ajoute encore les travaux partiels de l'armement et la garantie du paiement des fournisseurs, comment s'étonner qu'il exagère quelquefois, aux dépens des hommes qu'il commande, l'importance de la rémunération qui lui est due ?

Au surplus, achat ou pêche, tout le monde comprend que l'un ou l'autre régime soit sans influence sur ces remises.

Nous ne trouvons donc, ni dans le taux de l'intérêt perçu, puisqu'il est souvent nul et jamais excessif ; — ni dans les remises dont il profite de moins en moins quand elles sont faites, le mobile qui pourrait déterminer l'écoreur à favoriser le régime de l'achat, comme les documents de l'enquête *passim*, et M. de Montaignac, page 17, l'en accusent.

Le bâteau.—Mais il y a dans les armements un dernier point de contact entre l'écoreur et le pêcheur dont il faut étudier l'action ; c'est le *bateau de pêche.*

Ceci exige quelques détails qui ont, d'ailleurs, leur intérêt.

Le régime des bateaux de pêche à Boulogne est celui-ci.

Quand un marin est déjà riche des travaux de ses parents ; quand il a du crédit, de l'intelligence, de l'activité, de la *chance,* il lui arrive alors, non point de vendre de son bien ou d'aliéner de ses créances hypothécaires pour faire construire un bateau ; — Non pas, il ne touche jamais à ce qu'il a ainsi en quelque sorte immobilisé, et il ne l'engage pas davantage ! — mais de demander à son écoreur de lui faire construire un bateau pour son compte personnel.

L'écoreur avance *sans intérêts* le prix de la coque qui varie de 5600 à 6000 francs. Le maître traite lui-même directement de l'achat des agrès dont le prix varie de 3500 à 4000 francs.

C'est sur les bénéfices que le maître compte exclusivement pour rembourser l'écoreur. Quelquefois ces bénéfices acquittent en une seule année la moitié de la dette ; — par fois elle est longue à se réduire. Cela arrive lorsque la pêche a été peu fructueuse ou lorsque les accidents de mer ont occasionné des avaries si majeures que le produit ne suffit pas à les couvrir. Nous avons sous les yeux les comptes de deux bateaux dont l'on n'a pu rembourser en trois ans que 1912 fr. 16 c ; dont l'autre en une seule campagne a payé plus de moitié de sa dette.

Quand la dette est lente à s'éteindre ainsi, c'est l'écoreur qui perd le plus ; car c'est toujours lui qui a avancé la plus forte somme et il n'en retire aucun profit.

Or, il y a un *huitième* des bateaux de Boulogne qui appartient à ces conditions à leurs patrons.

Un autre *huitième* appartient aux écoreurs seuls.

Les *six derniers huitièmes* sont possédés en *compte à demi*, par les patrons et par les écoreurs. Mais dans ce dernier cas l'écoreur avance, *toujours sans intérêts*, le prix du bateau tout entier, coque et agrès, c'est-à-dire de 9 à 10,000 fr.

Pour en être remboursé, il ne doit jamais compter que sur les bénéfices. Quand le bateau subit des avaries majeures ; quand, au bout de quelques années, il est hors d'usage, la perte (et c'est malheureusement bien souvent en perte que l'opération se liquide) est, dans le droit, pour moitié à la charge du patron, pour moitié à celle de l'écoreur ; mais en fait, combien de fois ne retombe-t-elle pas sur ce dernier seul, par l'impuissance où il se trouve de jamais recouvrer sa créance ?

Si le bateau sert encore après que sa dette est payée, les bénéfices se partagent.

Quoi qu'il en soit, le bateau à la pêche d'Ecosse avait autrefois, les droits du canot compris, et déduction faite de la 1/2 part de commandement donnée au maître, 2 parts 1/4.

Sous le régime de la pêche véritable, la moyenne des profits du bateau, qui suivait ainsi les chances bonnes ou mauvaises de l'association, était de 315 fr. 07 c.

Sous le régime de l'achat, le bateau a cessé d'être *associé*, il se loue ; le prix de la location est compris dans les dépenses qu'il faut que les produits soldent avant que les hommes de mer aient rien à partager.

Le taux moyen de cette location est de 545 fr. 15. c. Il tend à s'accroître !

Est-ce *équitable*? oui ; car les risques s'accroissent aussi avec la sévérité des croiseurs anglais, comme aussi bien, mais trop tard, avec celle de l'administration française.

C'est malheureux pour le simple pêcheur ; et c'est là le principal tort que lui fasse le régime de l'achat ; Mais au point vue de la *moralité* de l'écorage, il y a d'autant moins à reprendre que l'on voit que ce n'est pas lui seul qui en profite. L'état nouveau des choses est favorable à une multitude de patrons aussi bien qu'à lui.

Il est à peine nécessaire de faire remarquer que ce surcroît de bénéfices *partagés* que fait le bateau ne peut pas être pour l'écoreur un motif suffisant de favoriser l'achat.

Ce dernier régime l'expose à trop de mécomptes pour qu'il en soit ainsi ; et la preuve s'en tirerait au besoin de ce fait remarquable que les principaux écoreurs, loin d'augmenter, restreignent leurs affaires ; beaucoup les ont réduites de *moitié*.

Quant aux *locations de filets*, dont parle M. de Montaignac, page 10 de son écrit, nous ne savons pas à Boulogne ce que cela peut être. Le marin est ici toujours propriétaire de ses filets.—Il peut en devoir le prix à l'écoreur qui lui a avancé, *toujours sans intérêts*, ce dont il avait besoin pour les acheter, réparer, tanner, etc.; mais, enfin, ils sont bien à lui, et il n'en loue jamais.

Il faut en dire autant de—10 p. cent sur les avances pour l'achat,—50 p. cent sur le sel et le cidre,—10 p. cent sur les tonnes dont parle aussi M. de Montaignac. Tout cela est inconnu ici. Nous avons déjà dit, et nous maintenons, preuves en mains, que les fournitures se font à des taux fort modérés. Et n'était la remise de 5 à 6 p. cent faites par les fournisseurs parfois à l'écoreur, le plus souvent au patron, il n'y aurait rien à dire. Encore avons-nous fait observer que cette remise n'est sujette à critique que parce qu'elle est occulte ; car elle est, en somme, le prix de la garantie du paiement.

La critique de M. de Montaignac, bien qu'elle manque en cet endroit de précision dans les termes, n'est fondée qu'en ce qui concerne le prélèvement de 5 p. cent sur le produit brut que fait l'écoreur auquel s'adresse, pour vendre sa cargaison, le patron obligé de relâcher dans un autre port que le sien. Ce premier prélèvement n'empêche pas l'armateur du port auquel appartient le bateau de prendre au retour son droit tout entier d'écorage, comme s'il avait eu l'embarras de la vente et la responsabilité du prix.

Pour être fort ancien cet usage n'en est pas moins un abus ; puisque l'opération a d'autant plus de frais à subir qu'elle a été plus malheureuse. Il y a excès des deux parts ! L'écoreur du port étranger qui n'a pas fait d'avances, et qui n'a eu aucune peine à l'armement, n'a pas droit à 5 p. cent, quand le taux ordinaire du *ducroire* ne dépasse pas 2 p. cent. — Par contre, l'écoreur du port de départ qui ne vend point, qui n'a rien à subir qu'une sous-garantie à-peu-près *nominale* de l'écoreur étranger, n'a pas droit à sa commission entière, puisqu'elle est pour partie le prix d'un service qu'il ne rend pas. Des deux côtés donc il devrait y avoir réduction.

On s'étonne que cet usage ait pu se maintenir si long-temps ; et on ne s'explique sa durée que par ce fait que beaucoup de maîtres saisissent dans l'évènement l'occasion de se faire faire une remise par les deux écoreurs. Ceux qui la partagent *intégralement* avec leur équipage ne sont pas le plus grand nombre.

Voilà toute la vérité !

Nous pouvons affirmer que les rapports de l'écoreur avec le marin sont les mêmes ; aussi libéraux au fond, aussi charitables bien souvent, dans toutes les grandes pêches. C'est toujours lui qui fait les avances, et, pour la pêche côtière du hareng par exemple, elles ne s'élèvent pas à moins de 300 fr. par homme. Il n'a d'autre rémunération que son droit d'hôtage dont on connait le taux et le ca-ractère et que sa portion des parts du bateau qui repré-sente le capital.

Très-certainement il n'est pas une seule industrie où la part du capital soit aussi faible.

Comment donc cette profession est-elle exposée à tant d'amères censures ? Comment les administrateurs de la marine lui sont-ils, en général, peu favorables ?

Sur ce dernier point, comme il y a nécessairement de l'homme jusque dans le fonctionnaire le plus digne de pro-fonde estime, beaucoup de jugements plus que sévères s'ex-pliquent par de simples rivalités d'influence.

Quant aux clameurs qui trop souvent s'élèvent et qui ont, dans ces derniers temps, trouvé un écho si puissant tant dans les documents de l'enquête que dans les *Annales de la charité*, elles s'expliquent très-bien par la nature même, par la fréquence, l'infinie variété des rapports de l'écoreur avec le marin.

L'hôte ou l'écoreur est, pendant de longues années, souvent, la providence de la pauvre famille du pêcheur. C'est à lui que l'on a recours dans toutes les extrêmités, dans les maladies, dans les accidents, dans les avaries du bateau ou des filets. Tant qu'il consent à faire des avances sans trop les redemander et toujours sans intérêts, à tenir gratuitement une comptabilité très-compliquée, à laisser sa porte ouverte à toutes les affluences, à toutes les imporunités, à ces mille exigences qu'entraînent avec eux les rapports de clients à patron, son nom est béni de tous ! Après plusieurs années de triste expérience, après bien des mécomptes et bien des ingratitudes parfois subies, songe-t-il enfin qu'il doit quelque chose à lui-même et aux siens, et veut-il régler ; alors s'ouvre l'interminable chapitre des récriminations : le compte est inexact ! c'est barbarie que de réclamer à de pauvres matelots leur dû ! d'exagérer peut-être un mémoire en vue de les dépouiller (etc) !

On ne résiste pas à de tels concerts de plaintes : et souvent l'homme honnête que sa bienveillance de cœur a porté à laisser les avances s'accumuler pendant de longues années, en est réduit à ne pas oser défendre sa créance de peur de passer pour un cœur sordide.

Il est telles maisons de Boulogne, par exemple, établies depuis vingt-cinq ans, quinze ans, dix ans même, auxquelles il n'est pas dû moins de 35 à 40 mille francs, par plus de 400 hommes de mer, et qui n'ont aucun espoir de jamais en rien recouvrer. Il en est d'autres plus anciennes, chez lesquelles les traditions de charité sont héréditaires, qui renoncent à connaître le chiffre de leurs créances.

Il en est de très-secondaires même chez lesquelles, ainsi

que de récentes faillites l'ont prouvé, il est dû comparativement des sommes énormes.

Et l'on peut dire que la dette envers l'écorage, accumulée depuis plus de trente ans et qui ne sera jamais soldée, si elle était totalisée, atteindrait à des proportions inouïes.

Il faut ajouter que ce péril de ne pas être remboursé de ses avances de toutes natures, *toujours faites sans intérêts, excepté quelquefois pour l'argent d'achat en Écosse*, n'est pas à beaucoup près le seul qui menace l'écoreur.

On sait déjà qu'il répond des ventes. — Quand il y a retard dans le paiement, faillite de l'acheteur, c'est lui qui perd : — le matelot, payé comptant, n'a rien à craindre.

Pour conseruer sa clientelle même de bateaux, l'écoreur est presque toujours obligé de se faire saleur, et d'acheter pour son compte personnel tout ou partie des chargements. Il a les bénéfices de la revente, mais il subit aussi toutes les chances mauvaises de l'opération commerciale : — le matelot jamais !

Il faut une activité extrême, un rude labeur, beaucoup d'ordre, une grande intelligence appliquée à une multitude d'affaires étrangères à l'écorage, pour compenser les risques de cette profession si périlleuse.

Et, en somme, votre Commission peut dire, sous la réserve de ce que l'on doit d'égards et de bons sentiments à des populations laborieuses, et en général si soumises, qu'au rebours de ce que l'on croit et de ce que l'on dit, c'est l'écoreur qui est bien souvent l'exploité, le pêcheur l'exploitant.

Et cependant, on conçoit que dans de tels et si intimes rapports, des abus énormes peuvent se glisser. L'on comprend que, de la facilité même de ces abus, des esprits prévenus et des cœurs charitables à la sensibili.. facilement excitée, s'en prenant aux apparences, aient vite conclu à l'indignité de toute une utile profession.

Les hommes les plus moraux et les plus intelligents, parmi ceux qui exercent cette profession, le savent, le comprennent, l'excusent presque tout en s'en indignant. Mais ils demandent hautement aussi, et c'est leur droit, qu'on les en affranchisse en rendant obligatoire l'institution des livrets, visés et paraphés au bureau de l'inscription maritime, sur lesquels l'écoreur devra inscrire toutes ses avances, mentionner toutes ses fournitures faites au matelot, sans pouvoir rien demander en justice sous quelque prétexte que ce puisse être, en dehors et au delà des articles inscrits ; en telle sorte que le pêcheur ayant toujours son compte avec lui, ne puisse jamais prétexter l'ignorance de sa situation ; et que de son côté l'hôte de pêche soit réduit à l'impossible de jamais ajouter frauduleusement à la dette.

Votre Commission conclut formellement à l'institution de ces livrets, sauf à revenir ultérieurement sur ce point dans un travail spécial.

Pour aujourd'hui, il lui suffit d'avoir, *en ce qui concerne Boulogne au moins*, dégagé la réalité des erreurs et des préjugés qui conspirent à la voiler.

Si elle revendique ainsi hautement pour l'écorage la justice et la considération qui lui sont dues, c'est qu'elle a la conviction que cette profession a beaucoup moins dégénéré de ses antiques traditions qu'on se plaît à le dire ; c'est parce que le régime de l'écorage ou de l'hôtage qui procure au marin le moyen d'obtenir des avances sans lesquelles il ne pourrait aller à la mer ; qui lui fait réaliser sa pêche *à l'instant même du retour*, sans embarras et sans retards ; qui l'affranchit de tous risques commerciaux, est une institution ancienne, respectable, nécessaire ; — qu'elle est en un mot l'âme de la pêche, et que, sans elle, celle-ci n'existerait pas. (1)

On lui doit donc des égards, au moins, en échange des services qu'elle rend.

§ III.

De la pêche d'Écosse dans ses rapports avec la situation des hommes de mer.

On accuse dans tous les documents la pêche d'Écosse, sous le régime surtout de l'achat, de ruiner les simples hommes de mer pour enrichir les patrons et les écoreurs.

Quant à cette seconde proposition, on vient de voir ce qu'il faut en penser.

Les tableaux que nous annexons à ce rapport (I et II), prouvent sans réplique que la première n'est guère mieux justifiée.

M. de Maucroix a si bien dit, pages 96 et suivantes de ses *Observations*, ce que c'était que la morte-saison de la

---

(1) Nos archives mentionnent un document très-curieux sur l'hôtage de pêche, son caractère, son utilité, sur l'ancienneté du droit du vingtième y attaché. C'est une sentence de l'Amirauté de Boulogne du 12 octobre 1657, laquelle expulse de son *office* un sieur Bourgois, hôte de Wissant, qui se refusait à faire les avances nécessaires, et nomme à sa place, pour Audresselles et Wissant, M. Maulde, marquis de Colembert, lequel consent à faire ces avances *moyennant le sol pour livre de la vente du poisson.* Cette charge est demeurée long-temps dans la famille de Colembert. Elle y fut maintenue par jugement de commissaires spéciaux députés par le conseil en date des 20 juillet et 31 août 1743. A la révolution de 1789, elle était possédée encore par madame de Ste.-Aldegonde, descendant de cette famille.

pêche dans les mers françaises , de juillet à septembre ; — combien peu nos marins travaillaient alors et gagnaient ; — quelle faible influence la *vraie* pêche d'Écosse pouvait exercer sur les prix de la pêche côtière : — enfin , à quel point il était vrai que la pêche lointaine était une ressource précieuse et tout-à-fait *virile* que tous les intérêts de la marine nationale commandaient de respecter , que nous n'avons rien à y ajouter.

A cet égard , tout est là.

Notre tâche est plus modeste. Sans dissimuler tout ce que le régime de l'achat a de déplorable, à quel point extrême il nuit à toutes les industries accessoires de la pêche et porte préjudice à la marine; tout en appelant sur lui la vindicte de la loi, encore ne pouvons-nous laisser dire, parce que cela n'est pas vrai, soit que la pêche d'Écosse, *sincère et loyale*, ait jamais ruiné les matelots, soit que l'achat ne leur donne aujourd'hui aucun profit.

D'abord, et quant à la pêche loyale, c'était ici de 1832 à 1842, une proposition passée à l'état d'axiôme que l'écoreur ne comptait que sur la pêche d'Écosse pour se rembourser du déficit sur ses avances faites à toutes les autres pêches.

Or, comme les sources de bénéfices de l'écoreur co-propriétaire de bateaux ne sont pas autres que celles des simples matelots, et qu'elles suivent la progression de celles-ci pour s'élever ou se dessécher avec elles, il est évident que ce qui servait l'écoreur ne pouvait pas nuire au matelot.

Voyons ce qu'en disent les chiffres !

La vraie pêche d'Écosse se faisait ici de 1830 à 1840

par *deux bateaux associés*. L'un servait à la pêche, l'autre, gardé à la côte par un homme et un mousse, servait de dépôt. M. de Montaignac, page 8 de son rapport, a très-bien saisi ce détail remarquable et fait ressortir les économies en hommes, victuailles et temps, que cette intelligente association procurait.

Nous donnons à l'appendice de ce rapport, sous le n° 5, un compte de ces voyages choisi parmi ceux dont les résultats ont été des plus ordinaires. Il a donné 200 francs à la part, plus 394 francs *par-dessus le bord*, indépendamment d'une aumône de 20 francs sous le nom de *roie* (portion de filets) de veuve mise à bord ; les matelots oubliant rarement de faire ainsi la part de l'infortune.

La moyenne des parts, déduite tant de ce compte que de beaucoup d'autres du même genre qui sont passés sous nos yeux, est de 254. 05.

Mais, comme alors le matelot pêchait réellement et n'avait droit à sa part entière qu'en mettant à bord dix filets en bon état, il en faut déduire 60 francs par homme, moyenne de ce que coûtait au pêcheur l'entretien de ces dix filets.

Il lui restait donc pour part nette moyenne 194. 05 ; ce qui, pour un voyage d'une durée moyenne aussi de soixante jours, représente un salaire quotidien de 3 fr. 45 c.

Il faut s'empresser de dire que ce système de l'association de deux bateaux avait pour effet d'employer beaucoup de bateaux, mais moins d'hommes et de filets.

La moyenne des parts à diviser entre l'équipage entier d'un bateau, celle du batiment et du canot déduite, est de 11 $^{1}/_{6}$, soit pour deux bateaux 22 $^{1}/_{8}$, tandis qu'elle n'était que de 15 $^{4}/_{8}$ sous le régime des deux bateaux associés.

Il importe de tenir compte de cette observation.

Ce régime était excellent. Pendant que l'élite de la population maritime, emmenant avec elle le meilleur du matériel, allait faire la pêche lointaine, les hommes âgés, les faibles, les plus pauvres, exploitaient seuls les différentes petites pêches côtières que la saison comporte ; et certes ils suffisaient à ce qu'elles donnent.

La convention de 1839 l'a brisé, quoi qu'en disent les écrivains qui tentent de la défendre, et ce n'est pas l'un des moindres griefs de nos populations contre elle.

On pressent que voulant comparer, dans leurs effets sur le sort des matelots la première période de la pêche d'Écosse à la seconde, nous n'ayons pu admettre au nombre de nos éléments d'appréciation les résultats donnés par les voyages de ces bateaux *accouplés*.

Or, cette avantageuse pratique était ici la règle à ce point qu'en compulsant avec patience tous les registres conservés chez tous les écoreurs exerçant pendant la première période, nous n'avons pu qu'à grand peine y trouver les dix-huit comptes de bateaux isolés (deux par année) qui nous étaient nécessaires pour en mettre les résultats en regard de ceux de pareil nombre de bateaux armés dans la seconde période.

La moyenne des parts données par ces bateaux isolés, les moins bons, les plus malheureux, est de 141 fr. 80 c. Si l'on en retire 60 fr. pour les filets, c'est 81 fr. 80 c. qu'il restait net aux simples matelots embarqués, soit pour deux mois de mer, un peu plus de 1 fr. 35 c. par jour.

La moyenne donnée par le régime de l'achat est de 132 fr. 83 c., soit 2 fr. 21 c. par jour. Elle reste presque toute entière au matelot, car il ne met pas un seul filet à la mer ; et certes les filets inoccupés n'ont besoin ni de renouvellement ni de réparations.

Ce résultat s'accorde peu avec les malédictions dont on dit que le simple pêcheur poursuit le régime de l'achat. Il donne la raison, au contraire, de la facilité avec laquelle il s'y prête, des mensonges et des parjures auxquels il ne craint pas de descendre pour le voiler. Il réduit à sa valeur réelle l'unanimité des matelots à demander la suppression de cette pêche d'Écosse qui, dans son bon temps, donnait net à chacun près de 3 fr. 50 c. par jour ; qui, exercée dans les conditions les plus désavantageuses par des bateaux isolés, lui donnait un salaire de 1 fr. 35 c.; qui, transformée en un simple trafic, enfin, lui assure encore plus de 2 fr. ; le tout indépendamment de l'argent donné *par-dessus le bord* dont la moyenne à peu-près égale sous les deux régimes, est de 15 fr. à la part, soit 25 c. par jour.

Que l'on ne perde pas de vue, en outre, car cela est essentiel, que sous tous ces régimes, le matelot vit des victuailles, des liquides, de l'argent du bord, et qu'il est à cet égard dans les conditions mêmes du service à bord des bâtiments de l'état, plus la liberté !

Or, au service, courbés sous la plus sévère discipline, astreints aux plus rudes travaux, combien y-a-t-il de marins qui gagnent en moyenne net 2 fr. 20 c. par jour, sans compter bien des petits profits indirects que l'on ne sait et que l'on ne dit pas.

A Dieu ne plaise, quand nous arrivons à de tels résultats, que la pensée entre un seul instant dans nos esprits de défendre le régime de l'achat ! Il n'a pas de plus fermes adversaires que nous. Mais qu'au moins on l'attaque par ses côtés vulnérables et que l'on ne dise pas soit qu'il enrichit l'écoreur, parce que les risques que celui-ci court par l'exagération de ses avances sont l'ample compensation du surcroît de bénéfices que le bateau engagé en location lui rapporte, soit qu'il ruine le matelot, car cette dernière proposition est également erronée.

Quels sont donc ces côtés vulnérables du régime de l'achat?

Ce sont : l'infraction continuelle à la loi ; la démoralisation s'infiltrant à sa suite dans l'âme de tous nos hommes de mer, et gangrènant jusqu'au cœur des enfants ; la fainéantise de longs jours passés à terre à l'étranger, dans les tristes dissipations du cabaret : — ce sont toutes les misères, en un mot, d'un régime économique qui, substituant l'achat au travail, gaspille le temps et déconsidère à ses propres yeux l'homme qui le subit : — c'est enfin la décadence de l'industrie des filets qui laisse à terre bien des femmes et des enfants inoccupés.

Comment se peut-il faire que cette dernière industrie se meure en présence des prescriptions si minutieuses de l'ordonnance du 2 juillet 1843 et sous l'action des commissions locales qu'elle institue. Hélas ! M. de Maucroix le dit, page 83 de ses *Observations*, ces textes sont une lettre morte ; ces commissions *non-rétribuées* un inutile rouage de plus ajouté à notre machine administrative ! Où il faut de puissants leviers on emploie une paille. Dans le sentiment de leur impuissance, ceux-là qui ont charge d'exécuter la loi conspirent donc contre elle.

C'est la comédie de l'armement ! Ce serait risible presque, si cela n'était pas si triste ! Les mêmes bons filets, les mêmes excellents cordages passent à la visite de bateaux en bateaux, et débarqués nuitamment rentrent en magasin pendant que toute la flotille lève l'ancre avec des tronçons de filets qui ont vu maints hivers.

Oui, c'est là le grand mal ! Jamais la loi du 6 mai 1841, jamais l'ordonnance du 2 juillet 1843 n'a été sérieusement appliquée. Ces textes n'ont servi qu'à donner au trafic une sorte de dérisoire sanction de légalité.

Cela étant, ce que nous ne voulons pas, c'est que l'on fasse retomber sur nos populations maritimes les conséquences de l'inertie de la loi. Nous voulons que par l'énergie de la loi, au contraire, et celle de ses représentants, on sauve d'elles-mêmes ces populations démoralisées ; mais, en même temps, qu'on ne les condamne pas à un lâche repos, sous prétexte de les servir.

§ IV.

Du maintien ou de la suppression de la pêche d'Écosse.

Nous abordons maintenant la question même du maintien ou de la suppression de la pêche d'Écosse.

Un sujet sur lequel on a tant et si bien écrit, ne comporte plus de débats : il ne veut que des solutions.

A quel point toute interdiction de ce genre s'écarte du droit naturel et des vrais principes économiques, M. Legros-Devot l'a dit (page 119 du rapport), dans des termes fort expressifs et visiblement attristés auxquels il n'y a rien à ajouter.

Tout ce que l'on pourrait dire de plus, à ce premier point de vue général et élevé de la question, c'est d'abord que s'il existe une population en quelque sorte sainte et sacrée sur laquelle il soit défendu de faire de ces expériences que les législateurs se permettent quelquefois, ce sont nos populations maritimes Françaises à qui, en échange des minces avantages de la Caisse des Invalides, nos lois imposent la dépendance de leur vie entière, et qui semblent des victimes promises au salut de l'État. Leur dévouement à la patrie, leur mansuétude de cœur sous une exaltation facilement excitée ; leur respect si profond encore du principe d'autorité de toutes parts méconnu ; leur vie rude et périlleuse ; leur satisfaction de peu ; leur piété ;

tout commande de se conduire envers elles avec déférences et pour ainsi dire avec crainte.

C'est ensuite qu'à une législation si mobile qui , en deux siècles , a passé tour-à-tour, et souvent au gré des plus futiles raisons , de l'interdiction à la liberté, de la liberté à l'interdiction , pour revenir à son point de départ, il est au moins commandé d'être modeste et de ne pas mettre tant de confiance dans des arguments qui ressembleront toujours à des expédients ; parce que jamais ils n'auront pour eux, ce qu'avoue la conscience , le droit fondé sur la nature même des choses.

Une législation restrictive sera toujours , et quoiqu'on fasse , une législation violente , destinée à durer peu ; car il est dans ses destinées, par cela même qu'elle est artificielle , d'être incessamment modifiée au gré des évènements et des faits.

Le passé , en cela , nous apprend l'avenir.

Et , au surplus, les plus grands adversaires de la pêche d'Écosse l'avouent eux-mêmes ; car ce n'est qu'en demandant en quelque sorte pardon à Dieu et aux hommes qu'ils la condamnent, et leur plus forte raison contre elle se résume en un aveu d'impuissance. (1)

Les grandes raisons invoquées contre la pêche d'Écosse , car, grâces au Ciel, le temps a fait justice des petites, sont :

    1° L'impossibilité de la faire économiquement en haute mer ;

    2° L'attrait de la fraude , la facilité de s'y livrer , la difficulté extrême de la surprendre et de la réprimer ;

    3° L'unanimité des simples pêcheurs à demander sa suppression.

---

(1) RAPPORT , page 116.

Les autres considérations invoquées ne sont que secondaires. Ce sont aussi les seuls points que nous nous proposions d'examiner.

I.—La question de la possibilité ou de l'impossibilité de faire économiquement la pêche en haute mer, avant le travail de la sous-commission d'enquête, était complexe ; car elle se posait, dès le premier abord, sous cette première et impérieuse forme : « *Avant tout, le hareng se* » *tient-il en haute mer ?* »

Eh bien ! avant les travaux si remarquables de la sous-commission d'enquête, et en s'autorisant de la seule législation Hollandaise que, dès 1840, elle signalait à l'attention publique, notre Chambre avait dit que le hareng se tenait et se pouvait fort aisément pêcher en pleine mer.

Le contraire ne peut plus se discuter aujourd'hui. La majorité de la sous-commission l'avoue, et M. de Maucroix le constate (pages 65 et 66 du *Rapport*) avec une grande précision et une sévérité méritée de langage à l'égard de ceux qui ont si long-temps soutenu qu'il n'en était pas ainsi.

Sur ce point il y a entre nous accord parfait.

Toutefois, vous avez voulu que nous exprimions ici le vif regret de ce que M. de Maucroix ne paraissait pas attacher assez d'importance à la convention de 1839 et aux obstacles réels qu'elle apporte à notre industrie.

Quoi que l'on en puisse dire, elle est et demeurera fatale, et tout doit être fait pour en obtenir la modification.

Le premier moyen de négociation est la répression même, énergique, nous dirions volontiers implacable , de la fraude ; car c'est la fraude qui a révélé à l'Angleterre elle-même, qui ne le soupçonnait pas, ce que valait pour elle cette malheureuse convention, et ce sera la fraude qui l'en rendra gardienne jalouse tant qu'elle subsistera.

Mais la pêche, *économiquement parlant*, est-elle possible ? En d'autres termes, ses prix de revient ne seront-ils pas supérieurs au prix auquel il est possible de placer ses produits dans notre pays, faible consommateur de salaisons ?

Admettons la négative : par quel artifice de raisonnement en pourrait-on logiquement conclure à la suppression de la pêche elle-même ?

Allons-nous interdire chez nous la fabrication du fer, parce que l'Angleterre le fabrique à meilleur marché, et la Suède meilleur ?

Comme l'a dit M. de Maucroix en des termes qu'il faut répéter : « *Si la pêche d'Écosse peut vivre, ne la tuez » pas ; si elle doit mourir, qu'avez-vous à en craindre ? »*

C'est là, en effet, un indestructible dilemme qui suffit seul à mettre à néant tous les arguments déduits des mauvaises conditions économiques de la pêche d'Écosse.

M. de Maucroix a groupé dans quelques pages de ses observations (pages **69** à **81**) tous les témoignages, toutes les considérations qui tendent à établir que la pêche faite même en haute mer donnera des produits dont le prix de revient sera accessible à la consommation, et laissera une marge suffisante de bénéfices.

Il faut y renvoyer, car on ne peut guère que le copier, et l'on ne saurait mieux dire qu'il ne dit.

Mais si l'on sort du cercle des raisons produites par cet officier plein d'expérience à l'appui de sa thèse pour chercher des raisons nouvelles, il en est une qui frappe dès l'abord vivement l'esprit ; c'est que, bien que la convention de 1839 soit une gêne considérable pour nos vrais pêcheurs, bien qu'elle les tienne dans une perpétuelle anxiété; bien qu'elle fasse augmenter le taux de location des bateaux, il n'est pas vrai néanmoins que les conditions de la pêche en haute mer soient à ce point différentes, quant aux dépenses qu'elle entraîne, de la vraie pêche pratiquée dans la limite des trois milles, que le prix de ses produits en puisse être considérablement affecté.

Où seraient donc les causes de différence ? Faut-il plus de filets, plus d'hommes, plus de sel ? Non. Peut être faudra-t-il un peu plus de temps ; mais cet inconvénient sera en grande partie racheté par la supériorité reconnue des produits, et par la suppression radicale des dépenses faites à terre par l'équipage.

Or, s'il est vrai que l'on n'aperçoit pas distinctement par quelles raisons précises et concluantes la pêche en haute mer coûterait plus cher que la pêche voisine des côtes, il faut reconnaître que puisque nos bateaux de 1832 à 1842 ont réellement et sérieusement pêché, puisque les produits de cette pêche trouvaient d'excellents placements, il en sera de même par la suite.

Et, au surplus, l'industrie ne se laisse pas plus tuer, si ce n'est par de mauvaises lois, que le sentiment même qui pousse l'homme à l'activité, qui le fait rougir de la paresse et de l'inaction, qui lui commande le travail comme un besoin de sa nature, un devoir de sa conscience.

Si la pêche en haute mer est plus difficile, on ne verra point pour cela nos marins se promener paresseusement sur nos quais, sourds aux plaintes de leurs femmes et de leurs enfants.

Ils s'ingénieront à chercher le poisson avec plus de persistance, à réduire les frais à leur plus simple expression. Les fournisseurs diminueront leurs prix ; les propriétaires de bateaux auront pour leurs affrètements des prétentions moins élevées ;—en un mot, on se placera dans les conditions d'une industrie sévèrement dirigée, parce que l'on saura que toute délapidation d'argent ou de temps lui serait mortelle. Mais on ne laissera pas des légions entières de harengs envahir les premières eaux européennes, dans les plus beaux mois de l'année, sans faire quelques efforts pour recueillir sa part de cette manne.

Il ne faut pas désespérer à ce point de l'énergie de nos hommes de mer, ni de l'active intelligence de nos armateurs.

✶

II. — L'attrait de la fraude, la difficulté et la cherté de sa répression ne sont pas même des arguments ; car dans l'espèce, ils n'ont pas la moindre valeur morale.

Si nous discutions un sujet ordinaire , ne relevant en économie que du droit commun , notre réponse à cette objection serait bien facile. Nous dirions aux partisans de l'interdiction : « De quel droit la prononcez-vous ? La
» France a besoin de salaisons , ses pêcheurs ne sauraient,
» eu égard aux distances et à mille autres causes, les lui
» procurer à aussi bas prix que les Anglais. La différence
» est écrasante. Eh bien ! que nos pêcheurs cessent de
» vouloir nous imposer un produit qu'au prix où ils nous
» l'offrent nous ne pouvons accepter : laissez entrer les
» salaisons anglaises sous un droit quelconque dont le
» trésor profitera. »

Cela conduit droit à l'idée, de toutes parts réprouvée aujourd'hui comme elle l'a été par notre Chambre en 1840, de l'admission des salaisons étrangères, au droit de 6 francs les cent kilogrammes.

Mais pourquoi ne pouvons-nous tenir ce langage et repoussons-nous ce droit? C'est parce que la raison d'État, la nécessité de nous assurer une marine, domine ici et fait taire tous les principes.

Or, d'un côté, le Gouvernement invoquerait la raison d'État pour prohiber l'achat, si licite en lui-même, des poissons de pêche étrangère ; de l'autre, il répudierait la charge que cette même raison lui impose de défendre les pêcheurs contre leurs propres faiblesses !

Où serait donc la moralité d'une telle conduite? Ne serait-ce pas dans le marché se faire la part du lion : tout prendre et ne rien laisser?

Ou le Gouvernement doit rendre à nos pêcheurs leur liberté tout entière, ou, dès qu'au nom de la raison politique, il confisque cette liberté et leur impose malgré eux le travail, il est tenu d'en subir les conséquences : il ne peut pas, pour s'exonérer de ses devoirs, paralyser en eux toute activité, les exposer de gaîté de cœur à la misère.

Ce serait une indigne tyrannie que notre temps ne supporterait pas.

On est donc conduit par la conscience aussi bien que par la raison publique, à reconnaître que la pêche doit rester libre, parce que le droit naturel, l'humanité, le bon sens le veulent ainsi ; et que l'État est contraint de la surveiller, quoi qu'il puisse lui en coûter, parce que c'est à son profit qu'elle s'exerce.

Enfin, et pour dernier mot sur ce point, cet argument tiré des difficultés et de la cherté de la surveillance mène droit à la suppression de toute pêche française. Pêche d'Yarmouth, pêche côtière, maquereaux, turbots, morues, il n'en est pas une où la fraude ne se puisse faire, où même dans certaines proportions elle ne se fasse.

Alors, que pour l'honneur des principes et la plus grande économie des finances, on dise donc en un seul article :

« *La pêche en France est interdite.* »

✱

III. — Reste enfin l'unanimité prétendue des simples pêcheurs à demander cette suppression.

Cet argument ne nous touche pas davantage , parce que nous connaissons la mobilité excessive des opinions de nos hommes de mer, grands enfans pleins d'âme et de cœur, mais ballotés sans cesse d'une opinion à l'autre, au gré des faits de la veille et de ceux du lendemain.

Qu'on leur rende la confiance dans la puissance de la loi que l'on a de toutes parts conspiré à leur enlever ; qu'ils sachent qu'à l'avenir la pêche réelle est leur seule ressource ; que toute infraction recevra un prompt châtiment ; que toute fraude déloyale sera réprimée ; que les bons ne souffriront plus des profits indélicats des violateurs des règlements, et l'on verra s'ils tiennent le même langage.

Qu'on interdise demain la pêche et que l'été prochain l'on écoute leurs discours !

Que la pêche manque un seul automne , et que l'on résiste, si on le peut, à leurs plaintes si fondées !

Il est, d'ailleurs, permis de dire que cette quasi-unanimité a été plus artificielle que réelle, et qu'il est fort douteux qu'elle se fût produite si les matelots n'avaient très-bien su que l'administration de la marine était peu favorable à la pêche sur laquelle on leur demandait leur avis.

§ V.

Résolutions principales de la Chambre.

En résumé, Messieurs, l'impression sous l'empire de laquelle vous êtes sortis de l'étude approfondie de tous les documents de l'enquête est que si toutes les considérations que la majorité de la sous-commission d'enquête a présentées avec une si grande habileté, sont capables d'ébranler un instant les convictions les plus affermies, elles ne résistent pas néanmoins à une consciencieuse et profonde étude de la question même, et laissent dominer de très-haut les principes de droit et de saine économie publique qui défendent l'excellente pêche d'Écosse contre toute interdiction arbitraire. Vous avez donc persisté dans l'opinion par vous émise le 9 décembre 1850, et vous nous avez chargés de conclure :

— 1° Au maintien en principe de l'article 9 de la loi du 6 mai 1841 ; mais en le libellant ainsi qu'il suit, conformément à notre délibération du 17 juin 1850, communiquée en décembre dernier à la sous-commission d'enquête, et aux observations qui depuis vous ont paru les plus judicieuses.

1° Les harengs *salés, à quelque degré que ce soit*, apportés dans les ports de la République par les bateaux pêcheurs français depuis le 1er janvier jusqu'au *premier septembre* de chaque année, seront réputés de pêche étrangère et soumis aux droits de 40 fr. par 100 kilog.

2° Il ne sera délivré de sel sans compte, et sur simple passavant, conformément au décret du 15 octobre 1849, aux bateaux armant pour la pêche du hareng, que du premier juillet au premier septembre.

3° Après le premier septembre et jusqu'au 25 décembre, il ne sera délivré de sel en franchise aux bateaux armant pour la même pêche qu'à raison de 60 kilogrammes par chaque tonneau de jauge ; à charge aussi ou de le réintégrer à la rentrée au port, ou de justifier de son emploi, conformément aux lois de la matière.

4° A partir du 25 décembre et jusqu'au premier juillet de l'année suivante, il ne leur sera plus délivré de sel en quelque quantité que ce soit.

— 2° A la restriction de la pêche d'Écosse à un voyage *unique*, parce qu'en réalité le temps du passage du hareng sur les côtes de cette partie du Royaume-Uni n'en permet pas davantage à des pêcheurs sérieux.

— 3º A la *révision de la convention de* 1839, que vous ne cesserez de dénoncer comme la plus grande faute diplomatique, quelqu'habilement qu'essaie de la défendre le Département de la Marine, qui n'est pas assez étranger à sa rédaction pour en juger avec impartialité.

Et en vérité, Messieurs, quand cette année même la pêche d'Écosse, pour la première fois depuis 20 ans, a presque entièrement manqué, comme à propos pour nous avertir de ne pas nous engager légèrement dans une règlementation trop arbitraire; quand il s'agit d'un poisson voyageur dont les caprices lui font choisir et déserter tour-à-tour certaines plages qui pensaient le posséder pour jamais, il n'y a pas d'autres conclusions possibles que celles-là. — Elles ne sont rien autre chose, déjà, qu'une *transaction* entre ce qu'exigeraient les principes dè la liberté de l'industrie et ce que semble commander de plus raisonnable la nécessité, relativement secondaire, de ne pas faire de la surveillance de la pêche et de la répression de la fraude une charge trop lourde pour l'Etat.

Nous désirons donc bien vivement que cette transaction soit acceptée; car, nous le répétons, c'est tout ce que comporte notre temps; et toute législation qui confisquera la pêche elle-même dans la plus belle saison, n'étant qu'une législation de violence et de parti pris, est destinée à périr bientôt.

§ VI.

Résolutions accessoires.

Il nous reste, Messieurs, à indiquer très-succinctement quelques résolutions accessoires qui doivent être la con-

séquence du maintien de la pêche d'Ecosse, et que ren-
dent, d'ailleurs, en grande partie nécessaires les fraudes
qui se commettent dans toutes les espèces et toutes les saisons de pêche.

Entre l'honorable M. de Maucroix et la majorité de la
sous-commission d'enquête, ainsi que de M. de Montaignac,
existe un dissentiment fort grave.

Le premier a peu de confiance dans les peines judiciaires.
Le refus de l'immunité fermement appliqué, joint à des
mesures bien coordonnées, rendant strictement obligatoire
un armement sérieux, lui paraissent suffire à déraciner la
fraude.

Nous serions pleinement de cet avis, si, comme nous
venons de le dire, les autorités chargées d'exécuter la loi du
6 mai 1841 ne l'avaient pas les premières délaissée.

Après tant d'années de complète tolérance, il ne faut rien
moins qu'une législation nouvelle et inflexible pour arracher
nos populations à de déplorables habitudes.

En conséquence, et tout en regrettant d'être obligés de
recourir à de sévères pénalités, nous pensons aujourd'hui
comme en 1850, qu'il y a lieu :

A.—*Moyens de constatation de la fraude.*

— 1° D'instituer dans chaque port de pêche une commission de trois membres, sorte d'agence d'amirauté connaissant
exclusivement des faits de pêche, nommés par le ministre de
la marine, relevant de sa seule autorité, salariés par l'État ;

— 2o De lui confier la surveillance des armements pour
toutes les pêches sans exception, avec droit de dresser de
toute contravention aux réglements des procès-verbaux
faisant foi en justice jusqu'à inscription de faux, après leur
affirmation devant le juge-de-paix du canton ;

— 3º De déterminer, comme l'a fait l'ordonnance du 2 juillet 1843, *mais en l'étendant à toutes les pêches*, le nombre d'hommes d'équipage proportionnel au tonnage, l'espèce, la qualité, le nombre des ustensiles de pêche, la quantité d'avitaillement à embarquer. (Il devrait y avoir, au *minimum*, dix hommes pour 27 tonneaux de jauge, en augmentant d'un homme par chaque série de trois tonneaux au-dessus de 27) ;

— 4º De déclarer, en conséquence, les paragraphes 3, 4 et 5 de la loi du 6 mai 1841 applicables à toutes les pêches sans exception ;

— 5º De confier la surveillance de la pêche française sur les côtes du Royaume-Uni, *et toute autre côte française ou étrangère*, à un officier supérieur, ayant sous ses ordres des bâtiments de l'État en nombre suffisant ; — d'attribuer aux officiers de ces bâtiments le droit de constater toutes contraventions et infractions aux règlements sur la pêche qui seraient commises par les pêcheurs français ; — de disposer que les rapports et procès-verbaux dressés par ces officiers dans la forme qui serait prescrite, et affirmés soit devant le commandant de la station, soit devant un consul français, soit en France devant un juge-de-paix, seront crus en justice jusqu'à inscription de faux ; — d'attribuer pareillement le caractère de la crédibilité légale aux rapports et procès-verbaux qui seraient rédigés par nos consuls et agents consulaires à l'étranger et affirmés devant leur supérieur immédiat ;

— 6º D'autoriser la Douane à n'admettre au retour des bateaux les poissons de toute espèce, frais ou salés, à la franchise des droits qu'à titre provisoire sous engagement cautionné ;

— 7º De faire dépendre l'admission définitive du résultat des vérifications que les commissions locales devront faire alors de tout le matériel de pêche, à l'effet de reconnaître s'il a servi, et dans quel état il est rapporté ; — comme de l'interrogatoire des équipages ;—vérification et interrogatoire auxquels le Commissaire de la Marine , l'Administration des Douanes, et un délégué des Chambres de Commerce, auront toujours le droit d'assister ;

— 8° D'autoriser ces mêmes commissions de pêche, présidée dans ce cas par le Commissaire des classes de la marine, à se faire représenter le compte des armements avec toutes les pièces à l'appui, et à requérir que le règlement effectif des retours n'ait lieu qu'en leur présence et de leur approbation.

B. — *Moyens de répression.*

—9° D'édicter une pénalité particulière, comme l'avait fait l'arrêt du conseil du 24 mars 1687, contre l'achat du poisson de pêche étrangère. Cette pénalité serait fortifiée par la confiscation tant du poisson que des bateaux , de leurs agrès et des ustensiles de pêche ; et celle-ci applicable même rétroactivement alors que le bateau, devançant l'arrivée dés procès-verbaux constatant sa fraude, aurait obtenu l'admission de son poisson ; les tribunaux seraient autorisés , dans ce cas, à élever l'amende jusqu'à la valeur de la cargaison qui aurait ainsi échappé à la confiscation ;

—10° De déclarer l'art. 463 du code pénal applicable à tous les délits de pêche.—D'autoriser spécialement les tribunaux correctionnels à prononcer les peines édictées , soit cumulativement, soit isolément, soit même partiellement, suivant les cas ; en vue surtout de ne pas punir par la confiscation entière ceux qui établiraient avoir été tout-à-fait étrangers à la fraude.—Il pourrait être dit par exemple, que sur les produits de la vente du bateau et du chargement confisqués, il serait fait remise à l'armateur de ses avances et créances duement justifiées. — La même modération pourrait s'étendre aux parts du chargement comme aux ustensiles de pêche appartenant à certains hommes , novices ou mousses de l'équipage, à l'égard desquels il y aurait ou des raisons de ne prononcer aucune peine, ou des motifs d'indulgence.—En laissant ainsi beaucoup de latitude à l'action toujours si intelligente de la justice, dans une matière où les degrés de culpabilité peuvent être si divers, on arriverait à conserver aux lois répressives toute leur autorité morale et partant toute leur efficacité. Car il ne faut pas perdre de vue que ce n'est point parce qu'elles sont trop sévères que certaines lois pénales, blessant la conscience intime, ne sont pas exécutées et tombent bientôt dans le discrédit ; mais uniquement parce que le juge, n'ayant pas toujours le pouvoir de tempérer cette sévérité extrême, répugne à se faire l'instrument de la violence de la loi.

—11° De décider que tout équipage fraudeur pourra, sans distinction d'âge ou de durée des services antérieurs, être envoyé au service de l'État.

C. — *Moyens préventifs des abus possibles de la pêche d'Écosse et de la pêche d'Yarmouth.*

— 12° De ne délivrer le sel sans compte, et sur simple passavant, que du 1er juillet au 1er septembre ;

— 13° De limiter la pêche d'Écosse à un seul voyage comme le justifie si bien M. de Maucroix, pages 107 et suiv. de ses *Observations :*

—14° Du 1er septembre au 25 décembre, de ne délivrer le sel qu'en quantités insuffisantes pour la salaison, — suffisantes pour la conservation temporaire du poisson péché à Yarmouth (60 kil. au plus par tonneau de jauge) ;

— 15° De suspendre toute délivrance de sel en franchise, pour salaisons même imparfaites en mer, du 25 décembre au 1er juillet ; le tout, comme le disent nos résolutions principales que nous ne faisons ici que rappeler pour présenter l'ensemble de nos idées ;

—16° De rejeter absolument le système de la délivrance du sel en quantités illimitées, à partir du 15 octobre, proposé par certains ports ; parce que ce serait favoriser en automne la fraude, et augmenter les mécomptes de la surveillance. Ce système, de la part des ports qui le soutiennent, ne tend qu'à se créer le monopole des salaisons venant de la mer, au détriment de ceux qui font loyalement à cette époque la pêche du poisson frais.

D. — *Observations diverses.*

Nous pensons qu'il n'y pas lieu :

—17° De supprimer, comme on le propose, les syndics de pêche institués par le décret du 8 octobre 1810, et l'ordonnance du 14 août 1816, pour *assurer la bonne confection des salaisons.* Cette institution est excellente, bornée à son objet : elle n'a pas le moindre rapport avec la répression de la fraude ;

—18° De placer des garde-pêches ou des douaniers à bord des bâteaux allant à la pêche d'Écosse. Ce serait accroître démésurément les frais ; se mettre sur les bras un nombre d'employés dont on ne saurait que faire hors des saisons ; les exposer d'ailleurs à se laisser séduire, aussi loin de toute surveillance.

Quant à la proposition faite de créer comme en Angleterre un conseil supérieur des pêches, — de faire relever de ce corps tout ce qui se rattachera à l'exercice de cette belle industrie, depuis la pêche de la baleine jusqu'à l'humble mais immense pêche du hareng, votre commission y applaudit comme à toute mesure qui tendra à rendre enfin à cette partie si essentielle de nos intérêts nationaux le rang et la prépondérance que l'ancien régime savait lui donner.

Vous n'avez pas voulu Messieurs, que ce rapport, si contraire aux conclusions de la majorité de la Sous-Commission, se terminât, sans qu'il y fût rendu néanmoins hommage aux travaux de la Sous-Commission entière.

Quelque décision qui intervienne, les documents réunis par elle, leur élaboration si parfaite, resteront, aussi bien que l'écrit de M. de Montaignac, pour honorer leurs auteurs et servir un grand intérêt public. A partir de ces publications, il ne sera plus possible de délaisser et dédaigner ces questions comme on l'a fait si longtemps. Nos pêches seront désormais l'une des préoccupations obligées de l'État. Il était grand temps qu'il en advînt ainsi.

La Chambre.

Après avoir entendu la lecture de ce rapport,

Déclare, à l'unanimité, l'adopter comme l'expression de sa pensée ;

Et arrête qu'il sera immédiatement transmis à M. le Ministre de la marine et des colonies, pour être placé sous les yeux de la Commission spéciale instituée près de son département.

Ont signé au registre :

MM. *Alexandre* Adam, président ;
Achille Adam, Baret-Ternaux,
Alexandre Crouy, *Jules* Lebeau,
Lonquéty *aîné*, Trudin-Roussel
et Démarle, *secrétaire.*

TEXTE.

APPENDICE.

APPENDICE.

COMPTES DE RETOURS de la pêche d'Écosse, antérieurs à la date ou à la mise à exécution de la Convention du 2 Août 1839.

ANNÉE de la PÊCHE.	Numéro du bâteau.	PRODUIT BRUT de l'Armement.	DÉPENSES et AVARIES.	SOMME dépensée pour L'ACHAT de sel ou de poissons et figurant dans le titre de la Dépense.	PRODUIT NET.	PART attribuée au bateau sous déduction d'une demi-part toujours donnée au maître.	PART attribuée à L'ÉQUIPAGE.	Proportion de cette part sur le produit brut.	NOMBRE des parts en hommes et filets de l'association. (2)	SOMME revenant à chacune des parts de l'association.	ARGENT donné par-dessus le bord. (3)	PART revenant à L'ARMATEUR pour intérêts d'avances et commission d'écorage.	Proportion de cette part sur le produit brut.	OBSERVATIONS.
1833	41	3653 30	1733 25	Néant.	1920 05	281 55	1458 80	40 »	10 2/6me	125 »	162 85	179 70	5 »	(1) Ce bateau n° 108 était l'un des trois ou quatre qui, à cette époque, faisaient métier d'acheter sans parvenir à entraîner les autres ; c'était une imperceptible minorité.
	38	3731 55	1406 60	Néant.	2324 95	337 50	1810 05	48 50	11 6/8	150 »	178 80	177 40	4 80	
1834	138	3914 80	1723 90	Néant.	2190 90	292 50	1702 60	43 50	13 1/3	130 »	45 »	195 80	5 »	
	136	3809 50	1416 75	Néant.	2392 75	337 50	1866 95	49 »	11 6/8	150 »	104 45	188 30	5 »	
1835	41	4368 »	1295 »	Néant.	3073 »	450 »	2401 10	55 »	10 6/8	200 »	251 10	221 90	5 »	(2) Pour la distribution de ces parts, voir le texte, page 17, et les comptes ci-après.
	108(¹)	4103 10	2950 »	1280 »	1153 10	157 50	790 40	19 25	10 1/8	70 »	81 65	205 20	5 »	
1836	23	4474 55	1976 50	Néant.	2498 05	360 »	1919 55	43 »	11 1/8	160 »	134 »	218 50	5 »	
	41	4662 33	1743 80	Néant.	2918 53	382 50	2302 88	49 »	12 6/8	170 »	135 38	235 15	5 »	
1837	99	4722 »	1951 »	Néant.	2771 »	382 50	2152 30	45 50	11 1/8	170 »	196 »	236 20	5 »	(3) Expression locale servant à spécifier la soulte du produit net restant après distribution des parts.
	97	4327 90	2016 50	Néant.	2311 40	292 50	1801 90	44 50	11 6/8	130 »	204 40	217 »	5 »	
1838	108	4601 50	2063 55	Néant.	2537 95	315 »	1993 15	43 33	12 5/8	140 »	226 »	229 45	5 »	
	144	3709 08	2259 60	Néant.	1449 48	175 »	1089 03	29 33	12 0/0	87 50	39 03	185 45	5 »	
1839	108	3169 50	2287 90	250 65	881 60	112 50	618 10	19 50	10 0/0	50 »	118 10	151 »	4 75	
	59	4950 20	2324 75	395 »	2625 45	360 »	2017 95	40 80	11 2/8	160 »	217 95	247 50	5 »	
1840	93	4327 »	2062 10	570 »	2264 90	360 »	1688 55	39 »	11 0/8	160 »	128 55	216 35	5 »	
	2	5308 »	2040 15	271 85	3267 85	393 75	2608 70	49 »	13 1/8	175 »	312 »	265 40	5 »	
1841	93	4794 10	2335 40	914 »	2458 70	377 35	1841 65	38 50	10 0/0	175 »	119 »	239 70	5 »	
	37	4701 95	4294 60	2744 »	2407 35	337 50	1734 75	26 »	10 0/0	150 »	234 75	335 40	5 »	
TOTAUX. . .		79328 36	37881 35	6425 50	41447 01	5705 15	31798 76	719 71	205 0/0	2552 50	2889 01	3945 10	89 55	
MOYENNES. .	1/18e	1/18e	1/18e	1/18e	1/18e	1/18e	1/18e	1/18e	1/18e	1/18e	1/18e	1/18e		
	4407 13	2104 52	356 97	2302 61	316 95	1766 59	40 »	11 1/3	141 80	160 50	219 17	4 97		

COMPTES DE RETOURS de la pêche d'Écosse, postérieurs à la mise à exécution de la Convention du 2 Août 1839.

ANNÉE de la PÊCHE.	Numéro du bâteau	PRODUIT BRUT de l'Armement.	DÉPENSES non compris le LOYER du Bâteau.	LOYER du bateau sans déduction d'une remise de 50 f. très-souvent faite au maître	TOTAL de la DÉPENSE.	SOMME dépensée pour ACHAT de sel et de poissons et figurant dans le chiffre de la Dépense	PRODUIT NET.	PART attribuée à L'ÉQUIPAGE.	Proportion de cette part sur le produit brut.	NOMBRE des parts en hommes et filets de l'association.	SOMME revenant à chacune des parts de l'association.	ARGENT donné par-dessus le bord.	PART revenant à L'ARMATEUR pour intérêts d'avance et commission d'écorage.	Proportion de cette part sur le produit brut.	OBSERVATIONS.
1842	27	6541 35	3514 30	750 »	4264 30	2043 »	2277 05	1932 50	29 50	9 3/8 mes	180 »	200 »	344 55	5 25	
	57	5530 95	3402 15	225 »	3627 15	2795 »	1953 80	1673 80	30 »	10 4/8	100 »	423 »	280 »	5 »	
1843	77	7121 »	2684 30	472 50	3156 80	530 20	3964 20	3600 20	50 50	14 6/8	210 »	31 »	364 »	5 »	
	138	7011 »	3207 »	472 50	3679 50	1236 »	3331 50	2931 50	42 50	12 6/8	210 »	304 »	350 »	5 »	
1844	64	5375 03	3356 85	225 »	3581 85	1551 »	1793 18	1524 43	23 83	11 5/8	100 »	349 43	268 75	5 »	
	63	5107 85	2821 95	337 50	3158 75	1330 50	1949 10	1693 70	33 »	10 6/8	150 »	193 70	255 40	5 »	
1845	27	5660 40	3023 45	585 »	3613 45	1747 60	2046 95	1753 95	31 »	9 6/8	160 »	229 95	283 »	5 »	
	8	4499 60	3464 »	650 »	4114 »	2570 »	385 60	145 30	3 25	9 6/8	16 »	31 88	240 30	5 25	
1846	112	7078 15	3659 20	700 »	4359 20	2129 20	2718 95	2333 85	33 »	11 3/8	180 »	257 10	385 10	5 »	
	79	6797 10	4730 55	710 »	5440 55	2457 »	1356 55	934 70	13 75	9 7/8 1/4	90 »	64 35	421 85	6 20	
1847	41	6380 30	3280 10	530 »	3810 16	1430 80	2570 20	2250 70	35 25	12 1/8	170 »	189 50	319 50	5 »	
	33	5734 65	2815 50	500 »	3015 50	1371 60	2719 15	2432 40	12 50	11 3/8	180 »	384 90	286 75	5 »	
1848	136	6687 10	3126 »	600 »	3726 »	1530 »	2971 10	2612 25	39 »	11 3/8	200 »	337 25	358 85	5 33	
	73	5392 05	3438 45	525 »	3963 45	2269 50	1428 60	1158 60	21 50	11 2/8	100 »	33 60	270 »	5 »	
1849	69	5492 50	2524 80	600 »	3124 80	1026 »	2367 70	2093 05	38 »	14 1/2 8e	145 »	54 »	274 65	5 »	
	56	5239 40	3859 75	600 »	4459 75	2244 40	779 65	471 93	9 »	10 2/8	45 »	10 73	307 72	5 87	
1850	23	4996 60	2982 29	700 »	3682 29	1672 20	1314 31	1036 46	21 »	9 6/8 1/2	85 »	117 10	277 85	5 75	
	88	4237 25	2867 80	430 »	3297 80	1444 40	939 45	704 43	16 50	9 7/8	70 »	21 90	235 05	5 50	
TOTAUX...		104942 28	58462 74	9612 50	68075 24	31383 40	36367 04	3'343 72	437 58	200 6/8 1/2	2391 »	3233 39	5523 32	94 15	
		1/18e	1/18e	1/18e	1/18e	1/18e	1/18e	1/18e	1/18e	1/18e	1/18e	1/18e	1/18e	1/18e	
MOYENNES..		5830 12	3247 93	545 13	3781 95	1743 52	2048 16	1741 31	27 »	11 6/8 8e	132 83	179 63	306 85	5 6/8	

PÊCHE D'ÉCOSSE.

=

Pêche véritable.

COMPTE du Bâteau No 23.

	francs.	c.
AVOIR.		
Vente de 85 mes. 3/4 harengs braillés à 525 fr. le last.	450	10
— 6 tonnes 1/2 harg. caqués à 517 —	171	60
— 55 id. id. 520 —	1,466	50
— 29 id. id. 521 —	775	75
— 39 id. 1/2 id. 522 —	1,059	78
— 15 id. 1/2 morue	446	»
	4,369	55

DOIT.	francs.	c.		
Rôle d'équipage.	5	»		
Poële	7	50		
Charbon	5	»		
Peinture du n° du bateau.	1	25		
Compte ouvert et acquit à caution. .	1	50		
Permis pour sel	»	55		
6127 kilog. sel à 4 fr. les 100 kilog. .	245	8		
Transport du sel au bateau	8	»		
Lard salé.	63	55		
4 lovées à 75 centimes	5	»		
Charroi de tonnes. . . , . . .	2	50		
Journées d'un homme de peine . .	5	50		
Au courtier pour rapport d'avaries .	9	»		
Permis de douane	»	55		
Jonc	»	75		
Un quart de jour de tonnelier . . .	1	»		
5 bottes cercles à tonnes et 1 à quart.	5	50		
120 bondes	2	»		
A reporter.	367	07	4,369	55

	francs.	c.	francs.	c.
Report	367	03	4,369	55
Avance d'espèces au maître	40	»		
74 tonnes vieilles à 2 fr. 75 c. . . .	203	50		
60 id. neuves à 5 fr. 50 c. . . .	248	240		
52/2 barils à 2 fr.	104	»		
4/2 id. en chêne à 3 fr. . . .	12	»		
19/2 barils vieux à 1 fr. 75 c. . . .	55	25		
15/4 barils	15	»		
Menus frais	»	40		
Droits de vente	11	»		
Veuve Delpierre, (son mémoire).	59	65		
Fauquez, serrurier, id.	13	»		
Levillain, brasseur, id.	7	»		
Duchenne, poulieur, id.	5	45		
Madame Ternisien, id.	74	20		
Huret, ferblantier, id.	19	80		
Fournier, id. id.	5	»		
Champagne, id.	105	75		
Coquerel, cordier, id.	22	75		
Emélie Gauduin, id.	40	95		
Bourgois, épicier, id.	149	»		
Delpierre-Varin, voilier, id.	25	»		
Lecerf, constructeur, id.	65	25		
Bounet, épicier, id.	20	05		
Le tonnelier (ses gages).	150	»		
Ternisien, maître du bateau (son mémoire).	28	»		
Fourny, marchand de cidre (son mémoire).	190	45		
L. Delpierre, pour 1 baril perdu en mer.	2	»		
J. Malfoy, pour 1 baril perdu en mer.	2	»		
Veuve Sciabas, pour 1 filet perdu en mer.	19	»		
A reporter.	1,976	48	4,369	55

	francs.	c.	francs.	c.
Report.	1,976	48	4,369	55
A DÉDUIRE :				
Rendu 3/2 barils. 5				
id. 11 tonnes et 35/2 barils . 55				
id. 11/4 barils 11				
Reporté au compte de la haren-				
gaison pour cidre 38	105	»		
	1,871	48		
Ecorage 5 % sur 4,569 fr. 55 c. mon-				
tant de la vente	218	50		
	2,089	98	4,569	53
Remis à l'équipage par-dessus le bord.	129	55		
Partagé entre 13 parts 5/8 1/16,				
bateau compris, 160 francs à la				
part.	2,150	»		
	4,369	53	4,569	55

PÊCHE D'ÉCOSSE.

ACHAT.

COMPTE du Bateau N₀ 79.

	francs.	c.	francs.	c.
Produit brut de la pêche.			6,797	10
A DÉDUIRE :				
Hotage à 5 p. %	344	20		
Droit de place et de vente	23	40		
Espèces pour lard, victuailles, etc . .	200	»		
6250 kilogrammes de sel à 8 fr. . .	500	»		
Gages du tonnelier.	140	»		
Loyer du bateau.	760	»		
Prix de 176 tonnes et 26 demi-tonnes.	544	50		
3 demi-tonnes d'eau-de-vie	150	45		
6 demi-tonnes de vin rouge. . . .	85	»		
Valeur de £ 94 — 8sh. » employés. .	2,457	»		
Intérêts de £ 94—8sh. » et frais y relatifs	80	65		
Frais d'une saisie de tabac opérée avant le départ	38	50		
Charroi de lest, port de lettres, prix d'une tille égarée, main-d'œuvre, fonçage de tonnes, papiers d'armement, acquits à caution pour boisson et sel, etc.	35	35		
Invalides à payer à la marine . . .	40	70		
Articles divers de tonnellerie embarqués comme provision, tels que cercles, douves, faux-jables, joncs, etc.	9	75		
A reporter	5,573	30	6,797	10

	francs	c.	francs.	c.
Report.	5,373	30	6,797	10
Lecerf frères, constructrs. (mémoire).	3	»		
Lobey, id. id.	21	50		
Kent-Pécron, pour charbon. id.	4	30		
Altazin-Copin, voilier. id.	7	20		
Ch. Durant, chaudronnier. id.	4	50		
Delpierre-Joly, pr tonnes. id.	125	»		
Gournay fils, pour biscuits. id.	193	50		
Lemaire, brasseur, pr bière. id.	51	»		
Cucheval, cabaretier, id.	26	05		
2 barils à poches perdus à la mer, plus 4 fr. 05 déboursés en sus des fr. 2 00 pour victuailles, par la dame . . .	5	5	5,814	40
Reste net			982	70

PARTS A 90 fr. A LA PART.

Parts	1/2	1/4	1/8	1/16	francs.	c.	francs.	c.
					112	50		
Butor, maître .	1	»	1/4	»	»	90	»		
Huret Charles. .	1	»	»	»	»	90	»		
Pollet-Lartézien .	1	»	»	»	»	90	»		
Pierre Gournay-Demay . . .	1	»	»	»	»	90	»		
Aucoin-Corbec .	1	»	»	»	»				
Jules Cousin . .	1	»	»	»	»	90	»		
Jacques Malfoy-Jacquain. . .	1	»	»	»	»	90	»		
Fontaine-Leclercq	»	1/2	»	»	»	45	»		
Jean Benard . .	»	1/2	»	»	»	45	»		
A. Pollet fils, mousse . . .	»	1/2	1/4	1/8	1/16	84	55		
Bourgain fils, mousse . . .	»	1/2	1/4	»	»	6	50		
Total des parts .	9	1/2	1/4	1/8	1/16				
Soit, à 90 francs.					894	55	894	35
dar-dessus le bord remis en espèces à l'équipage							88	35

COMPTES DES BATEAUX Nᵒˢ 33 & 123,

Pour la Pêche du hareng en Écosse.

Pêche véritable, — Bateaux accouplés.

PRODUIT.

Ventes des chargements des 55 et 123, à 306 et
307 francs le last . . . . 6,976 fr. 70

DÉPENSES.

Du 17 au 28 Juillet.

Avancé au maître pour biscuits et cidre acheté à
Dieppe. . . . . 305 fr. 80
Payé à la douane pour congé du nᵒ 55 4   10
—   id.   pour comptes ouverts aux nᵒˢ 55 et 125.   1   50
—   au Télégraphe, places pour deux hommes allant
à Calais. 5   »
Invalides. . . . . mémoire.
A Husson, pour assurances des nᵒˢ 55 et 125. . . 93   80

Du 18 au 30 Août.

A L. Fontaine et Lesage pour eau-de-vie 94   05
Étalage pour les deux bateaux. 4   »
Droits de ventes 18   25
Payé pour deux permis du débarquement des pêches . 1   50
—   à Touron, pour voiturage de tonnes à l'armemᵗ. 5   25
—   droits de pesée à l'entrepôt . . . . »   55
Location du bateau 123 à Antoine Delpierre . . . 400   »

A reporter. 932   35

Du 4 Septembre.

Mémoires de Dorlencourt pour sels	358	85
— de Duboc, pour location d'une ancre . .	15	»
— de Nicolas Sauvage, constructeur. . . .	33	»
— de Fournier, ferblantier	19	40
— de Lecerf, constructeur	54	55
— de Bourgain, marchand de tonnes . . .	1,046	50
— de Offray, pour charbon	5	»
— de Fauquez, forgeron	10	70
— de Levillain, brasseur	16	30
— de Carpentier, poulieur.	10	15
— de Jutelet, épicier	26	70
— de Robine Sauvage	14	»
— des avances faites par la dame du maître .	143	15
— de Coquerel, cordier	8	70
Loyers d'aussières	24	»
Deux barils perdus.	4	»
Gratification aux tonneliers	50	»
5 liv. sterl. 6 sch. employés pendant le voyage pour sels et avaries.	85	95
Hôtage ou commission, 5 % sur ventes, 29 et 30 août.	548	75
Rapport d'avaries	8	»
	3,212	70
Différence du produit des ventes restant à partager.	3,764	»
Egal. . . .	6,976	70

PARTS.

Bateau et canot	2 3/4
Le maître	1 »
Huret-Altazin	1 »
Huret-Sauvage	1 »
L. Sénéchal.	1 »
A reporter	5 3/4

Report . . . . . , 5 3/4

Maquet . . . . 1 »
L. Pourre . . . . 1 »
Malfoy-Pourre . . . . 1 »
J.-M. Delpierre. . . . . . . 1 »
B. Delpierre. . . . . 1 »
P. Flahutex. . . . . 1 »
B. Bourgain. . . . . 1 »
Papegay . . . . » 1/2
J.-B. Gournay , (filets.) . . . . » 1/2
Veuve Altazin ,   id. . . . . » 1/2
Veuve Meillot ,   id. . . . . » 1/2
Miellot , mousse . . . . » » 1/4
Mapuet,   id. . . . . » » 1/4 1/16
Fortin ,   id. . . . . » » 1/4 1/18

16 1/2 1/4 »

Partagé 200 francs à la part . . . . 3,350 francs
— une roie de veuve (aumône.) . . . 20 »
— par-dessus le bord . . . 394 »

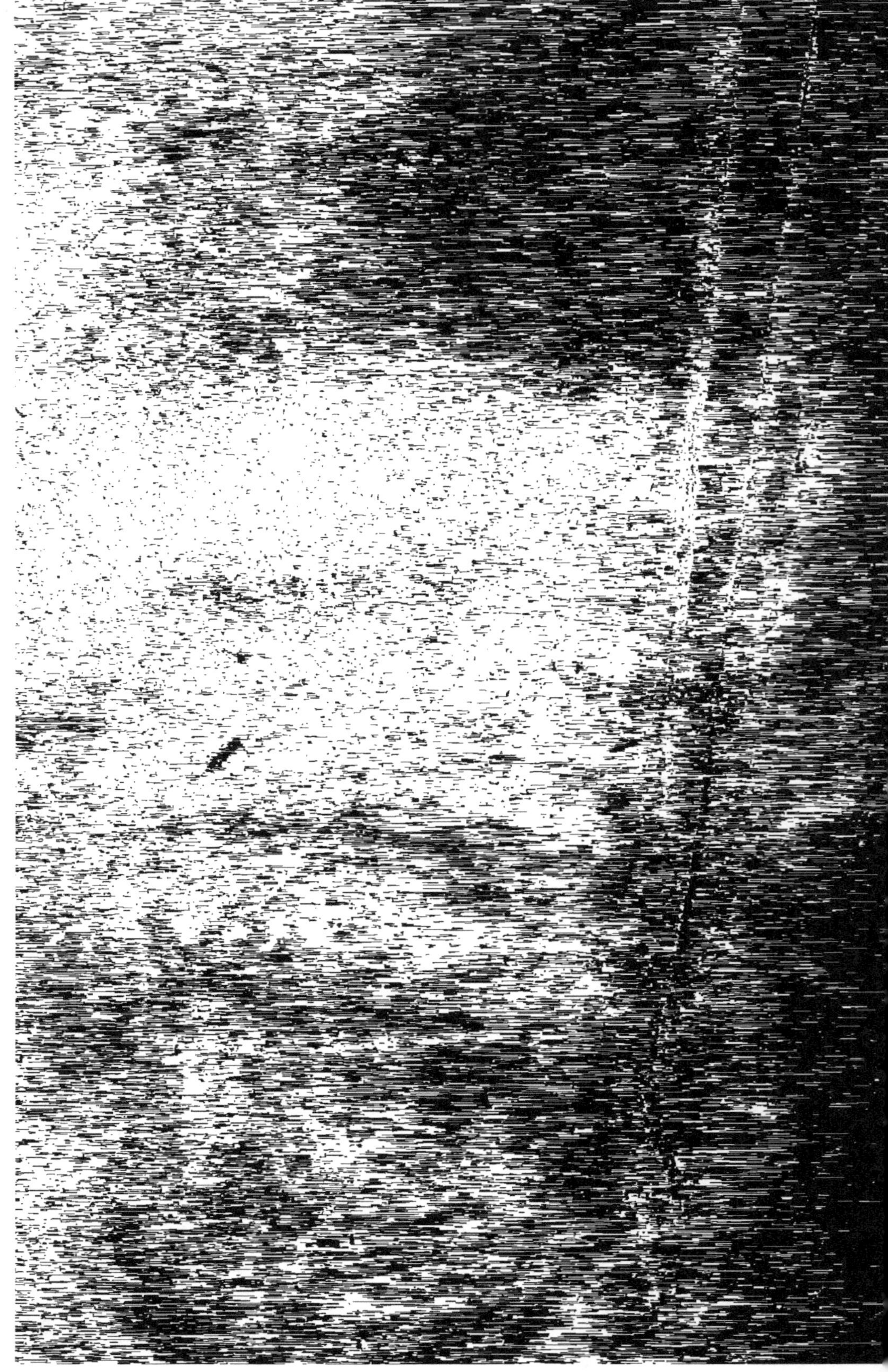